algo antigo

algo antigo
arnaldo antunes

Companhia Das Letras

Copyright © 2021 by Arnaldo Antunes

Grafia atualizada segundo o Acordo Ortográfico da Língua Portuguesa de 1990, que entrou em vigor no Brasil em 2009.

Projeto gráfico
Arnaldo Antunes

Capa
Arnaldo Antunes e Marcia Xavier,
sobre fotografias de Marcia Xavier

Revisão
Marina Nogueira
Márcia Moura

Dados Internacionais de Catalogação na Publicação (CIP)
(Câmara Brasileira do Livro, SP, Brasil)

Antunes, Arnaldo
    Algo antigo / Arnaldo Antunes. — 1ª ed. — São Paulo : Companhia das Letras, 2021.

ISBN 978-65-5921-017-6

1. Poesia brasileira I. Título.

20-52609   CDD-B869.1

Índice para catálogo sistemático:
1. Poesia : Literatura brasileira B869.1

Cibele Maria Dias – Bibliotecária – CRB-8/9427

[2021]
Todos os direitos desta edição reservados à
EDITORA SCHWARCZ S.A.
Rua Bandeira Paulista, 702, cj. 32
04532-002 — São Paulo — SP
Telefone: (11) 3707-3500
www.companhiadasletras.com.br
www.blogdacompanhia.com.br
facebook.com/companhiadasletras
instagram.com/companhiadasletras
twitter.com/cialetras

Sumário

al(anti)go 8-11
resquício 14-15
fim do mundo 16-17
o homem que não existe 18-19
lápide 20-21
túnel do 22-23
até 24-25
antigamente 26-27
NO 28-29
ar agora 30-31
cerne 32-33
saudades 34-35
quarentena 36-37
monstro 38-39
meu riso 40-41
nem sei pensei 42-43
valha 44-45
x 46-47
sereia 48-49
er 50-55
on-off 56-57
bacanas 58-59
na porta 60-61
now 62-69
quer ver 70-71
sub sobre 72-73
pistilo 74-75
guerra 76-77

poço 78-79
apenas 80-81
o sósia 82-83
ir 84-85
o voo 86-87
a fome 88-89
assim passa 90-91
o sal 92-93
oca 94-95
caroços 96-97
focar 98-99
vipassana 100-101
isolado 102-103
flor 104-105
prezado senhor 106-107
pergunta 108-109
pergunta 2 110-111
saber 112-117
ponte 118-119
dentro dela 120-121
e já que não há amor 122-123
o que não 124-125
o que fica 126-127
o o o o / a a a a 128-129
se mata 130-131
algoritmos 132-133
mira 134-135
na mosca 136-137
ultrassom 138-139
devagar 140-141
fora o fruto 142-143
nosso abraço 144-145
se não for amor 146-147
não se esqueça 148-149

não entre nessa 150-151
lei 152-153
r s 154-155
ss 156-157
compensação 158-159
assunto 160-161
perpendicular 162-163
no one on one 164-165
através 166-167
liquidação 168-169
um deus 170-171
saga 172-173
limite 174-175
por fora 176-177
para não acordar 178-179
a adaga 180-181
mãe água 182-183
ecdise 184-185
de novo 186-187
emaranhada 188-191
ou 192-193
ou 2 194-195
unhas 196-197
epifania 198-199
caeirismo 200-201
english lesson 202-203
english lesson 2 204-205
eles e ela 206-207
eles 208-209
somos 210-211
rir 212-213
alguma água 214-215
revidavolta 216-217
algo antigo 218-219

al(anti)go

algo antigo
onda do mar de Vigo
hexassílabo, fio de tele
fone, fome
de perigo

trovador
bronzeador
trem a vapor

madrepérola
cânfora
andor

algo antigo
cordão de umbigo
em seu jazigo
de papel pardo

pasto de traça
esquecido
na gaveta
do criado-mudo

cadeado enferrujado
coreto de praça
busto

hóstia
asilo
camisolão

algo antigo
entulho
asa de ícaro
cantochão

antídoto
do potássio no sangue
crustáceo do mangue
à beira-mar

terno surrado
engano ledo
eterno medo
de mudar

algo antigo
à antiga
clepsidra
galo de briga

inimigo
da rotina
que prossegue

páreo de cavalo
espantalho
leque

fita analógica
película fotográfica
célula fixada em fóssil

algo em ocaso
parnaso
utensílio em desuso

relíquia ou ruína
marfim da China
carteiro, cheiro
de naftalina

ranço
cansaço
pó

talco
mofo
rococó

tip top
xarope, hit
parade pop

manuscrito
carcomido
trapo

cravo na lapela
letra obsoleta
na tela
do laptop

algo antigo
evocado
ao olvido

alfabeto de Gutenberg
derretido
iceberg

resquício

isto
agora se torna
isso
e logo se tornará
resquício
de um presente
tomado
abrup
tamente e logo
descartado
por ter se
tornado
de rep
ente
antigo
aquilo
passado
a li
mpo
ali
mento
do lento
adia
mento
da morte
sequela
de fato
feto
cada dia
mais
parto
perto
dela

fim do mundo

nenhum
caco
do vaso
quebrado
do mundo
no meu leito

nenhum
vácuo
do saco
sem fundo
do mundo
no meu peito

nenhum
vício
litígio
dissídio
do mundo
no meu pleito

nenhum
fim
do mun   do   mais
me diz
respeito

o homem que não existe

o homem que não existe
não quer
sair
de si

nem
de
si
st
ir

de (não)
ser
pra nas
cer

lápide

aqui jaz
o presente

eterno porque eterna

mente
fugaz

túnel do

até

a   té

        múm

                        ia

        um

                                d

                        ia

        mu

                                d

a

antigamente

antigamente as senhoras idosas
faziam tricô e tomavam chá

agora elas encontram parceiros
para fazer sexo e bebem gin

e não sei se isso
me dá

vergonha   ou   orgulho

mas não tenho nada a ver com elas

tiro o bedelho
da vida alheia
e fico bem
melhor

mas hoje todo segredo
cai
no meu colo a cada
esquina-post
que dobro
com a perna-dedo

e não sei se isso
me faz

crescer   ou   encolher

antigamente as famílias viviam tranquilas
e tinham filhos e netos em casas com jardins

agora elas vivem trancadas
em trevas de incestos estupros assassinatos

que acabam sempre vindo à luz
da tela
de quem
não tem nada
com isso

antigamente havia guerras

hoje não há
paz

NO

para Augusto de Campos

```
V I D A D
E V I D A
D E V I D
A D E V I
D A D E V
I D A D E
```

ar agora

diante
do instante

com o momento
dentro

como

diante   dentro

do

ar ar ar ar ar ar ar a ar ar ar ar g ra ra ra ra ra ra ra o ra ra

cerne

a brisa que me lambe
a testa
me traz outra
vez ao cerne
do que fui
imberbe
ainda e já
embriagado
entre
o âmago
da alma
amarga
e a terna carne
— dinami
te de ti
midez
em re
des de des
ejos e re
ceios
diante da louça
intacta
da cortina alada
na vi
draça ra
diante
da distante

estrela
mas também
da dança
delicada
do besouro
branco no escuro
do barranco
que ro
lei abaixo
até cair
no colo
da criânsia
que cresc
eu

saudades

não tenho saudades
do que vivi
porque tudo
está aqui

encorpado
dentro de mim
como um fígado
um pâncreas
um rim

não tenho saudades
do que vivi
(vi ouvi sonhei senti)
pois já se tornou
o que sou

não tenho saudades
do que vivi
tenho saudades do que viveram
aqueles com quem convivi

não do que vi, do que viram
não do que ouvi, do que ouviram
do que sonharam, sentiram
as pessoas que perdi

quarentena

o tempo

parece que passa

cada vez mais rápido e mais

l   e   n   t   o

ao

m e s m o   t e m p o

parece que não passa

parece que

para   pare

ce que apress

a   o

t e m p o   t o d o

monstro

e se o
e se o
e se o   que te
que te
e se o   que te   defi
e se o   que te   afli
que te,   diri   ne te
que te,   ge te
divi   ge se   fere
deci   ge se   rege
de te
de di   perde ?   ?
gere ?
verge ?
?

meu riso

meu riso
aterriza
no rosto
de alguém

assim
monalisa
meu olho
detém

conduz
à medusa
— oposto
de si —

e me
paralisa
na pedra
que so

r
ri

nem sei pensei

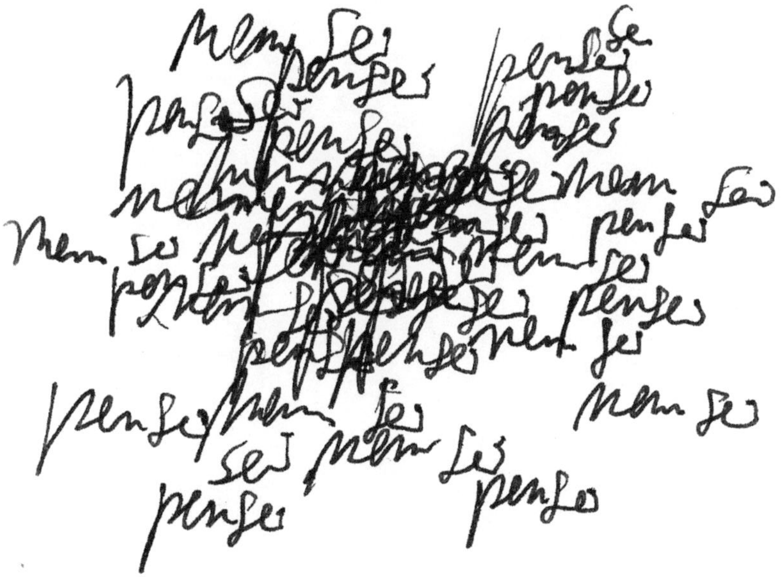

valha

valha o que amo
não porque amo
mas pelo que me faz
amar

valha por si
não por mim

pelo que si
lencia

não
por meu sim

X

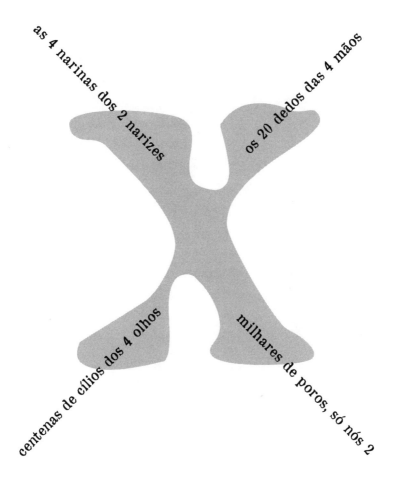

sereia

não
sou
nem
soo
nem
serei
nem
ou
ço
a
serei
a
qu
e e
co
a
na mi
nha ca
beça
re
fém do
re
al
obt
uso
e
uso
o lapso
de cada
eclipse
do apo
calipse
pra ree
xist
ir

er

cer
teza cer
ver
ração
dade inver
er
são
ro per
per
feição
da liber
tação

deser

ção

on-off

chispa chama
recendeia
descandeia
refaísca
desfagulha
recentelha
desatiça
recintila
descorisca
relampeia
desestrela
reacende
pisca-pisca
reluzente
desilude
renitente
vaga-lume

bacanas

bacanas
canalhas
sacanas
medalhas
arrotam
migalhas
aterram
muralhas
de grana
e miséria
nas milhas
de grama
e mortalha
da terra
plana

na porta

ou você entra ou você sai

ou se concentra ou se distrai

ou você sobe ou você cai

ou observa ou abstrai

ou você flui ou se retrai

ou obstrui ou descontrai

ou você vem ou você vai

ou adiciona ou subtrai

— não dá para ficar parado aí na porta.

now

↓

NOW

↑

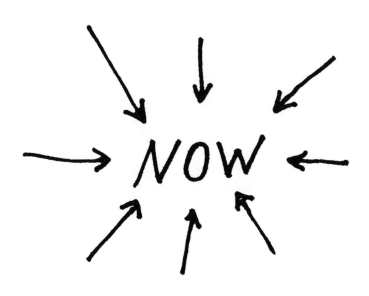

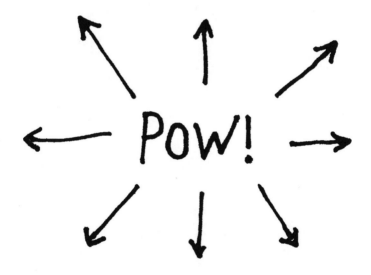

quer ver

quer ver
o que
quer ver

por baixo
do que há
por baixo

no sub
terrâneo
rosto

ainda
que só
sub

liminar
mente
mas só

vê
o
véu

sub sobre

um
ou dois
ou três

narinas
buracos
boca

arejam
sufi

(ainda que
incons)

ciente
mente

o miolo
do crânio

— sub

solo
do humano —

para
sobre

viver
gente

pistilo

labor
de lábios

no bico
oblíquo

do beija-
flor

qual língua
no bico
do seio

de néctar
cheio

asa veloz
na voz

qual língua
na ponta
da língua

pis
ti
l
o

— clitóris
da flor

guerra

os mesmos outros
de sempre
se preparam
para atacar
os novos mesmos
de agora

tão outros
quanto eles
mesmos mas
em outras p
eles
por fora

pogo

do
do
do
do
no fundo do poço há água
á
á
á
á
á

apenas

dis
pensa

o que pensa

.

diz
apenas

o indis

.

pensável

o sósia

o sósia está sozinho
longe do original
dorme agora
tranquilo
sem medo de ser
só um

e aparecer
ao sol
qual ilha do norte
ao sul
no meio de mar
algum

o sósia está sozinho
sem culpa e também sem dó
sem o sonho
de ser outro
nem a sanha
de ser só

no osso de si e solto
a sombra que decolou
do solo
e se descolou
do eu
que se dissolveu

ir

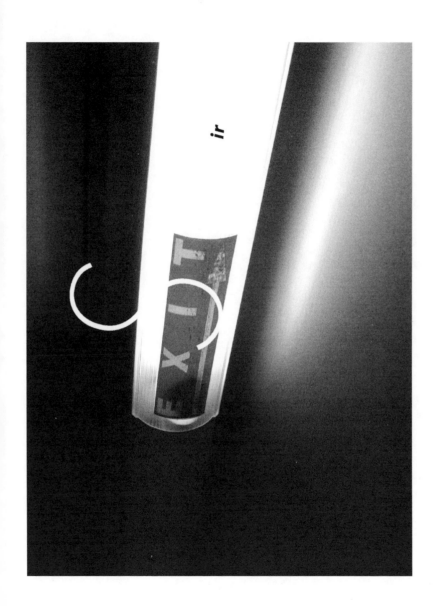

o voo
é bom

mas

o pouso

também

é bom

o voo

mas

também
o pouco

a fome

A FO
A FO
ME ME
ME CO
COME
MEU E
U
U

assim passa

rápido e rasteiro
como se dissipa
um cheiro

ou fumaça

assim
passa
por mim

o dinheiro

o sal

o sal

até

da pal

vir

av

a ser

ra

pal

é cal

ad

ar

ar

oca

a boca
oca
onde fica
a língua
índia
ainda
virgem
selva de
linguagem
guarda
de tocaia
a margem
da aldeia
da ideia
que afia
o gume
da seta
cega
que apague
o lume
da lua
vaga
e atraia
o dia
em que diga
só
o que fala

caroços

PALAVRAS SEDENTAS DE AS DIZERMOS

CAROÇOS CARENTES DE OS CUSPIRMOS

focar

focar focar focar focar focar focar focar
focar focar focar focar focar focar focar
focar focar focar focar focar focar focar
focar focar focar focar focar focar focar
focar focar focar focar focar focar focar
focar focar focar focar focar focar focar
focar focar focar focar focar focar focar
focar focar focar focar focar focar focar
focar focar focar focar focar focar focar
focar focar focar focar focar focar focar
focar focar focar focar su focar focar
focar focar focar focar focar focar focar
focar focar focar focar focar focar focar
focar focar focar focar focar focar focar
focar focar focar focar focar focar focar
focar focar focar focar focar focar focar
focar focar focar focar focar focar focar

vipassana

não precisa

não pensar

, só

não precisa pensar

isolado

isolado
por um exército de desertos

busco
uma b o c a
     p o rt
aberta

fresta
onde
vaze

sol
ou só
riso

ave
ou a
viso

cor
desco
berta

mas nenhum deles
deserta

flor

tecido que seduz
braile em cambraia
blusa de luz
que cede à seda
da saia
prenda de renda
que expele pele
pelas frestas
linho
que insinua
a linha
sinuosa
bunda
abund
ante
íntimo motim
da carne
que não cala
veste
que a despe
tala

prezado senhor

prezado senhor
da cadeira ao lado
eu realmente não ligo
se o senhor
monopolizar
o apoio de braço
entre nós
mas poderia
por obséquio
não ultrapassar
o limite
desse espaço
mútuo
que abdico
e cedo
em silêncio
para seu
exclusivo usufruto
e tirar o coto
velo de minhas
cost
elas?

pergunta

como acha que vai dominar seus medos se não consegue controlar seus pensamentos?

pergunta 2

por que você não faz logo em vez de querer que os outros façam do jeito que você quer que seja feito?

saber

saber
onde
pôr as mãos
(não valem os bolsos)
para onde
dirigir o olhar
o que olhar
e que olhar
(ameaçador
ou
suplicante
doce
ou
desafiante
contemplando
o alvo
ao longe
ou
examinando
o micróbio
no microscópio)
lançar, se
em silêncio
ou dizendo algo
saber o que
dizer
quando, como
e também
para quem
em que tom
de voz
(enigmático
ou
curioso

suave
ou
malicioso
insinuando
algo
além
ou
afirmando
ironicamente
o óbvio)
e ainda
com que gesto
a frase
finda
(se flutua ou se
afunda
se desenha
um arco
largo e logo
se recolhe
ou colhe
no ar
a fruta
latente
do instante
seguinte
se transborda
e inunda
a mesa
e os papéis
sobre
a mesa
ou se contém
no gole

como o fôlego
no fole
dos pulmões)
saber
exatamente
o que fazer
por que razões
quando levar
o copo
aos lábios
e até
que ponto
distendê-los
depois
num sorriso
rápido
o suficiente
para que
pareça
natural
e seja
natural
ou seja
que pareça
só o que
realmente seja
saber bem
a hora
de mentir
e o quanto
(se só
omitir
um fato
ao se calar

ou inventar
um outro
em seu lugar)
ceder
ou não ceder
à sede
acender ou não
outro cigarro
dar ou não dar
o próximo
passo
escolher
a próxima
palavra
ou decidir
não dizer nada
é muito
para uma só
(multidão
amputada)
pessoa
imagine então
pensar
no avesso
inverso
do desuni
verso
ver
a coisa
toda
por dentro
por fora
da popa à proa
apalpar

a polpa
desde a tona
sentir a tripa
e também
a roupa
e ainda estar
numa boa
é demais
até
para um deus
se um deus
existir
e não
enfiar
o pescoço
com a cabeça
debaixo da terra
como um
avestruz
ou
(um
hom
em
com
um)
um
obus.

ponte

dentro dela

indo cada vez mais perto agora sim tocando com as mãos sentindo ainda mais entrando com meu corpo todo na boceta dela que se agigantando já me envolve vulva agora túnel úmido macio veludo onde mergulho fundo até chegar ao útero e lá dentro junto me alojar cercado de placenta morna então crescer mover meus braços cotovelos dedos calcanhares ângulos saltados sob a pele fina da barriga elástica espreguiço estico as costas cresço nela meus joelhos querem desdobrar no espaço até poder me pôr de pé por dentro inteiro e estender as pernas no interior das dela e os dois braços dentro dos dois braços dela como se coubesse exatamente justo agora em seu contorno feminino fora do meu masculino sua minha seu e meu boceta pau e nossos peitos fora dentro florescendo a flor de estarmos juntos nesse corpo mútuo sermos dois nas-cermos de nós dois agora para frente um passo dando em outro espaço transbordando antes virando depois

e já que não há amor

e já que não há amor
também já não há mais dor
agora nem mel nem sal
escorre ou seca no céu

cessa sua meia-noite
cessa sua noite inteira
cessa-se o fio da foice
do dia que lhe dá beira

cessa sua morte certa
cessa seu tempo justo
cessa-se o todo e a parte
o ar em torno do arbusto

agora não há miragem
por dentro ou fora da imagem
agora até mesmo a hora
de partir já foi-se embora

da cova volta à alcova
do útero volta ao berço
o filho volta à avó
o fim ao seu descomeço

só resta de si si mesmo
só resta do mundo o mundo
da poça um poço sem fundo
da água a sede ao avesso

o que não

aceita
o que vem

aproveita
o que venta

inventa
o que não
tem

o que fica

nada é real
só o que se vai

(amor)

o que fica
é vapor

do que significa

—

espuma
da bruma
da fuma

ça

(vida)

no cristal
líquido
escrita

o o a a

o o a a

Só o bobo acha graça

se mata

por qualquer preço
até de graça
se mata
por medo, pavor
por costume
por não conseguir
se conter
por vingança, por ciúme
se mata até sem perceber
por uma palavra
calada
por uma promessa
fugaz
porque se está numa guerra
ou para não se ter paz
se mata
por uma moeda
uma pedra
sem valor
por ódio, por deus, por náusea
também porque se enlouquece
sem causa ou por causa
de amor
ninguém
merece
ser
matador

algoritmos

E01S10T100A11M1O111S

N001S D0E1S0T0R1U1I0N1DO

O101U   S100Ã001O

O10S A0L0G1O0R1I1T1M0O1S

N011O100S   R010E

D1I1S0T1R0I1B0U1I0N1DO?

mira

foto: Fernando Laszlo

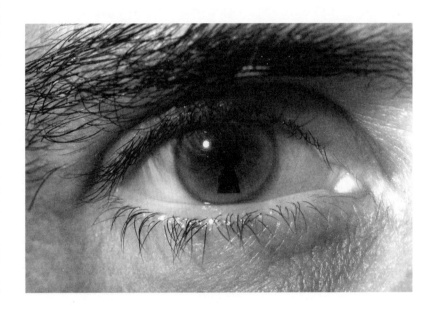

na mosca

no vidro-game
da janela
que treme

na mosca
o olho

espera
o próximo
frame

ultrassom

no interior

do útero

o mundo

é o mesm

o mundo

que o outro

ulterior

devagar

devagar
divago

de lembrar
alumbro

de vazar
deságuo

de falar
afundo

de caber
acabo

de inundar
o mundo

fora o fruto

fora o fruto
proibido
qual o seu pecado
preferido?

nosso abraço

nosso abraço

nos afasta

do chão

se não for amor

axo

que é

paichão

não se esqueça

tudo

que começa

cessa

não entre nessa

se for

fugir não

se despeça

lei

segredo

que se ouve

se olvida

r s

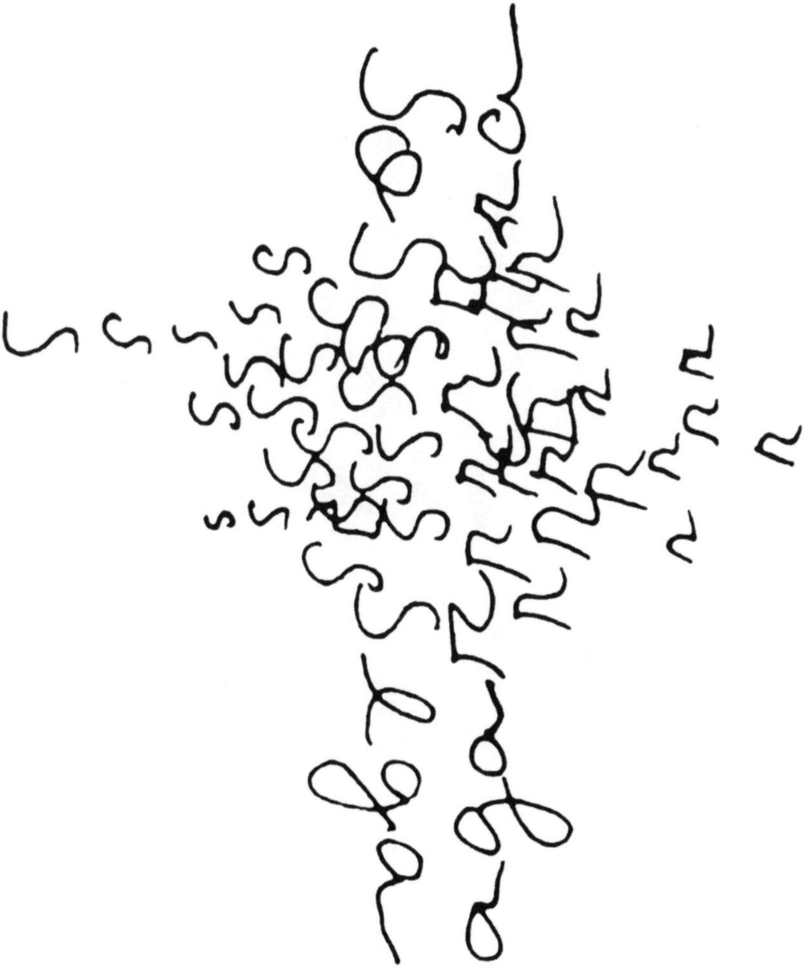

SS

isso

compensação

sou feliz,
no entanto
triste
(tanto)
e, contudo,
feliz
(com tudo),
não obstante,
triste
(bastante),
todavia
feliz
(todo dia)
e, amiúde,
quem me vê
se ilude,
porque triste,
quem tenta
entender
desiste,
em compensação,
sou são.

assunto

não tenho que saber o que dizer só vou sabendo ver e podendo entender melhor enquanto digo descobrindo aquilo que quero dizer enquanto estou dizendo o tempo todo vendo onde vai dar o passo a pássaro da ideia se fazendo ouvir e já se dissolvendo nessa que se esboça num bocejo vindo ainda se escondendo por detrás ou dentro mas latente até que de repente vaza numa frase nova e aquela que já era volta numa imagem solta mas se mostra outra quando sobe à tona num instante antes que sua senda reta siga sendo reta uma pequena imensa distração começa então me leva embora nessa curva até uma nova encruzilhada que divide a estrada sem nenhuma placa pra seguir às cegas digo uma palavra e quando ela deságua espirra no sentido de um desvio oculto que abandona o outro que seguia lento atrás do pensamento flecha que reseta e não entendo mais se isso deu naquilo e volta para o início ou abre outro parêntese e não fecha mais ao menos por enquanto sem que se observe o quanto fica ainda demorando tanto numa pausa ou página mas afinal do que você está falando?

perpendicular

a   tr   a   v   e   s   s   a   r
a   e s   t   r   a d   a

n ã o   s e g u i r   a   e s t r a d a

a   t   r   a   v   e   s   s a   r
a   e   s   t r   a   d   a

no one on one

atrav, és

assisto ao céu estrelado
através dos olhos fechados

pontos por todo lado
no forro do céu furados

detrás de teto e telhado
das pálpebras, cortinados

e do futuro esperado
aceito espelhos quebrados

centelhas de olhar leopardo
vaga-lumes desastrados

faíscas de ouro roubado
e seus erráticos rastros

assim desconectado
dos pensamentos pensados

livre, pois libertado
dos pesadelos pesados

assisto ao céu estrelado
através dos olhos fechados

liquidação

TUDO
PELA METADE
TUDO
PELA METADE
TUDO
PELA METADE
TUDO
PELA METADE
TUDO
PELA METADE

um deus

um deus efêmero
um deus com sexo
um deus com gênero
e que envelhece
um deus com fim
um deus assim
merece prece

um deus que conta
o seu segredo
um deus que apronta
mas tem medo
um deus que erra
e recomeça
merece reza

um deus que sofre
e que se alegra
um deus com sorte
e sem promessa
um deus que pensa
um deus ateu
merece crença

um deus talvez
volúvel deus
um deus que ovula
todo mês
um deus que paga
sua comida
merece a vida

saga

a vida segue
a viga cede
O céu desaba
O sol repete
a sua saga
a lua cega
O solo racha
O fogo excede
a via acaba
O dia indaga
se procede
prosseguir

limite

meu limite

pulso   externo

é meu

expulso   interno

impulso

por fora

coisas
como coisas são
não invenções

fatos
como fatos são
não sensações

fiquem
por fora

(tarde
noite
aurora)

f   o   r   a

dos porões

para não acordar

de ponta a ponta

do barbante

da linha

do

horizooooooooooooooooooooooooooooooooooooooooooonte

caminha

nas pontas dos pés

para não

acordar

o gigaaaaaaaaaaaaaaaaaaaaaaaaaaaaaaaaaaaaaaaante

a adaga

afia   afaga
o que afirma   o que indaga

aí
enfi

a a a

daga

do sentido
na

p l vr

mãe água

MATER
W
W
M
W
WATER
M
W
MATER

ecdise

desabito
o corpo
que me vive
morto
para acabar
de vez
com seu reinado
não
digo ao povo
que fico
acordado
não
sigo mais
essa estrada
ex
traio
a sombra
que me acompanha
os passos
e volto a não ser
nem mesmo o dono
dessa cara
espalhada no espelho
deixo estar
o ar
sair entrar
das janelas das narinas
do portal da boca
e abraço a brisa
de fora
sem mais
dentro
algum
agora

de novo

pelos meus cálculos
a lua se encaixará
precisamente
no vão entre os galhos
desta árvore
quando eu der a última tragada
deste cigarro
já quase no filtro
então sentirei mais frio
e voltarei para debaixo
das cobertas
de onde não deveria ter saído
para fumar
na varanda
o barulho do ônibus
das duas horas
da madrugada
se fará ouvir
em todo o quarteirão
um pouco mais perto
que o latido do cachorro
que escutarei
já quase dormindo
entre as cobertas
antes de levantar
outra vez
acender a luz
de novo

me agasalhar dessa vez
e sair de novo
para fumar outro
cigarro quando a nuvem
terá cobrido então
a lua toda
com as bordas iridescentes
transbordando seu clarão
acima
dos galhos
desta árvore
para se desnudar enfim
aos meus olhos
antes da penúltima tragada.

emaranhada

vai assim
seguindo uma linha com o olho
quando ela se mistura a outras linhas
segue avançando
não vale pôr o dedo
vai
acompanhando
ela entre elas
só com o olho
sem se deixar enganar
nos vários pontos de intersecção
com as outras
linhas
se por trás ou pela frente
as atravessa
se a sua
segue curva
para o outro lado
depois de tocar
a que vinha
paralela a ela
e ao final você chega
à sua ponta
então
começa a puxá-la
com cuidado
com a mão
e nota
que era outra e não
aquela
que você tinha
perseguido
desde o início
por isso

recomeça
uma vez mais
do ponto de partida
agora
na segunda tentativa
mas com muito
mais cuidado
pra não se enganar
de novo
você a segue
sem tocar o dedo, só
olhando
atento
a fim de não se confundir
quando ela dá
uma emaranhada
com as outras
por causa daquela
que você tinha
puxado
errado
da primeira vez
e fica assim
beeeem pa
cieeeeente
pra não perder a linha
e conseguir seguir
todo o percurso
dela
dessa vez
até a chegada
e se você consegue
enfim
ela é sua

mas depois de pegá-la
não vá
dizer que a sua mesmo
era aquela
outra
ali

ou

OATACAU
UATACAO

ou 2

unhas

unhas
abundam

no estéreo aéreo do gesto
e no rés do chão

na ponta do pontapé
e do dedo da mão

que aponta

afundam
no cafuné

e na cor
do esmalte

onde ainda

há dor
e (ainda

crescem)
no cadáver

epifania

na   selva   do   céu

negra   tinta   nanquim

sem   estrelas

ou   lua   em   latim

um   pássaro   branco

palavra   de   seda

perpassa   por cima

da minha

cabeça

cetim

caeirismo

200

a   nuvem   passando
que   estamos   vendo

                 não é a terra girando
              não é o tempo correndo
                 não é o sol desbotando
           não é o pincel se movendo

                 nem   o   vento

é só a nuvem passando
enquanto estamos vendo

english lesson

I think so much
about so much
things that
I think
I know so
I don't
know well
what I'm
thinking
now

english lesson 2

AS   SOON

NO   FOR
   LONGER   EVER

      FAR   AS
SOON   AWAY POSSIBLE
         LONG   NEAR

ALREADY   NO WAY
        NO
          LONGER
NOW   YESTERDAY

eles e ela

eles os deixam
chegar pertinho e comer
a ração deles

ela decola
numa carreira insana
e os espanta
numa revoada de leques
vivos

eles não estão
nem aí

ela
louca no calor
em guerra
contra os invasores alados

eles calados
povo cachorro
em paz
com os pombos
da paz

ela
soberana latindo tirana
— sua majestade
a cadela

eles

como o gato que salta
de telhado em telhado
meu pensamento salta
de um para outro gato

do malhado
pisando leve
entre as louças
delicado
ao de pelo ralo
do outro lado
da rua
atrás de um rato

do marrom
que se funde
ao ocre
do telhado
às listas
de outro
tigre dom
esticado

como este
pincel de rabo
ao léu
pardo
ensiamesmado
na selva
de assoalho
do meu lado

somos

o que não vemos   vírus
por ser pequeno   cosmo vemos
ou grande   por ser peq
demais   longe
        por sen demais

        o   vemos ão   vírus
            por ser peq   cosmos
            ou grand
o que n   demais

                    somos
    s o m   s o m   o
        vírus   s o m
    cosmos   s o m

            órions   órions
            próton

na   mos   que não v
                    órions onge
                    prótons o

                    que não v que não vemos
                onge   por estar longe
                                ou perto
órions   na   demais
prótons
pe

rir

ir
de
si
rir
de
si
morrer
de
rir
de
si
des
ser
morrir

alguma água

mar quando rio enquanto

revidavolta

```
R E V I D A V O L T
A R E V I D A V O L
T A R E V I D A V O
L T A R E V I D A V
O L T A R E V I D A
V O L T A R E V I D
A V O L T A R E V I
D A V O L T A R E V
I D A V O L T A R E
V I D A V O L T A R
E V I D A V O L T A
```

algo antigo

algo antigo
ido
sido
outrora
acontecido
já
quase
esquecido
agora
fora
de moda
ou de modo
subjuntivo
traço
do que
houve
no passado
ultra
passado
pelo
que houvera
algo
que já era
(embora
vivo)
para (agora)
ser
um livro

ESTA OBRA FOI COMPOSTA EM OLD NEWS PAPER TYPES
E IMPRESSA PELA LIS GRÁFICA EM OFSETE SOBRE PAPEL PÓLEN SOFT
DA SUZANO S.A. PARA A EDITORA SCHWARCZ EM FEVEREIRO DE 2021

A marca FSC® é a garantia de que a madeira utilizada na fabricação do papel deste livro provém de florestas que foram gerenciadas de maneira ambientalmente correta, socialmente justa e economicamente viável, além de outras fontes de origem controlada.